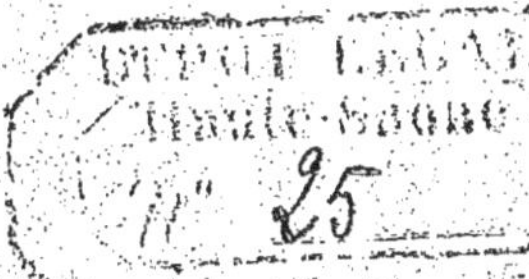

À LA RECHERCHE

du

BONHEUR

Essai de thérapeutique Morale

par

L. BARBEDETTE

La Fraternité Universitaire

Imp. M. PATTEGAY
Luxeuil

A LA RECHERCHE

du

BONHEUR

Essai de thérapeutique Morale

par

L. BARBEDETTE

La Fraternité Universitaire

Imp. M. PATTEGAY

Luxeuil

AVERTISSEMENT

Une thérapeutique morale, scientifique au même titre que la médecine, doit remplacer les formules vieillies dont les hommes attendent vainement le bonheur. Art expérimental, indépendant des croyances métaphysiques et des mythes collectifs, il sera, pour les individus désemparés, le phare qui guide, la lumière qui sauve. Inspectez l'horizon, une immense aurore se lève, un jour divin s'annonce. Oh mes frères douloureux ne désespérez pas !

L. BARBEDETTE.

LE BONHEUR

Symbole commun de réalités bien diverses, le Bonheur couvre de son manteau les joies frémissantes du premier amour et la divine communion de l'artiste avec une nature en fleurs, comme les plaisirs d'un repas délicat ou la douce paix du convalescent qui repose. De lui rêve l'amante qui songe au bien-aimé, et le moissonneur altéré par un rude labeur, et le sage épris de solitude, et l'ascète qui pense au ciel ; ne point souffrir selon l'un, vivre avec plénitude d'après l'autre, connaître pour le savant, vaincre pour l'ambitieux, aimer au dire de tous, voilà le vrai bonheur. Multiples et variées, telles des roses en juin, sont les joies qui s'offrent sur la route ; divers aussi le choix des voyageurs qui les cueillent en passant. L'enfant est heureux d'un hochet, l'homme adulte d'une décoration ; celui-ci veut des diplômes, cet autre la députation ; un fauteuil académique, même un simple tabouret ministériel ferait l'affaire d'un troisième. Et, c'est avec le sourire d'une indulgente pitié, que le sage, qui perce le mensonge des conventions sociales, contemple ces folâtres et malheureux écoliers. Ses yeux, vierges de préjugés et de désirs, ont scruté le Bonheur, cette entité fictive que voilent d'épaisses brumes.

Car des suppositions arbitraires, des concepts artificiels, des mythes soigneusement légués par la tradition, s'interposent chez presque tous entre le regard et le réel, à la façon de lunettes qui déforment ou colorent. Source d'erreurs innombrables, prêtant à tout une nuance ou des formes illusoires, le prisme métaphysique et social fige, en un bonheur abstrait, nos joies fugitives et changeantes, il schématise et appauvrit nos plaisirs hétérogènes et multiformes. Pour un chimérique espoir, fruit de rêveries collectives, nous dédaignons les bonheurs passagers qui s'offrent ; pour une déesse inexistante, nous effeuillons les pétales des plus divines fleurs. Pourtant, ce Bonheur solidifié, d'une immuabilité choquante, si on l'offrait aux vivants qui d'entre eux ne s'en détournerait ? Il semble tellement fait pour les morts ; du sommeil éternel, il est une si manifeste image ! Dans l'ordre moral, comme en politique, c'est une trompeuse erreur de vouloir tout réduire à l'unité. Essentiellement protéiforme et touffue, la nature ignore cette unité ; idées ou sentiments, esprits ou corps, elle diversifie tout sans relâche et sans fin ; à foison, dans le genre, elle multiplie les espèces, et, dans un même groupe elle différencie chaque individualité. Annamites ou japonais, qui pour les européens s'identifient, se distinguent entre eux sans peine ; notre inattention seule nous fait croire à l'uniformité. En vain l'Eglise, dont la puissance fut sans bornes, voulut-elle imposer à tous un credo commun ; même aux époques de foi ardente, hérésies et dissidences ne manquèrent pas. Sous nos yeux des partis politiques s'épuisent en vains efforts d'unité, oubliant que pour agir l'entente suffit. Un siècle de démocratie devrait leur apprendre que, dans un mouvement, la division résulte de l'accroissement même, mais qu'elle n'est point nécessairement un obstacle à l'action. Imaginer un type de bonheur, le même pour tous, identique sans cesse et partout, n'est pas un moindre contresens. Avec le désir et l'idéal s'individualisent, en se diversifiant, les joies suprêmes de chacun ; ne croyons pas à un bonheur unique, stéréotypé, il en existe de multiples et d'irréductibles aux formules toutes faites léguées par nos ancêtres.

Nos contraintes éducatives et légales visent, il est vrai,
à couler dans un moule identique des esprits dissembla-
bles. Pour tailler les enfants sur un patron classique, que
de cruautés soi-disant pédagogiques ; afin d'être acadé-
misables, quelles longues œillères doivent s'attacher les
écrivains barbons ; que d'efforts, chez les nouveaux riches,
pour se muer en bien-pensants ; que de grimaces rituelles
simplement pour sembler honnête ! Barrières impuis-
santes à retenir les flots du devenir en marche ; filets, aux
mailles toujours trop larges, pour arrêter la vie. Inutiles
sont les vœux du jeune homme qui ne veut point vieillir,
ridicule est l'homme mûr qui continue de s'habiller en
garçonnet ; de même, ils retardent ces sermoneurs éternels
qui momifient les joies humaines et tendent, à la crédulité
des foules, l'appât truqué d'un bonheur antédiluvien. Le
monde a changé, les hommes ont grandi ; qu'ils rentrent
leur hameçon fossile, dans la boutique désertée du bric-
à-brac métaphysique, ces intrigants prêcheurs de vertu.

Car rien d'absolu dans le bonheur humain, il est relatif
comme tout ce qui existe, imparfait comme tout ce qui
vit ; seuls, ont le triste privilège d'apparaître sous l'angle
de la perfection, ce qui a cessé d'être et ce qui n'est pas
encore. Ainsi, le vieillard juge sans ombres une enfance
qui lui fit verser bien des pleurs ; ainsi, le voyageur, au
terme de sa route, est souvent déçu par un spectacle qu'il
imaginait plus beau. L'éloignement dans le temps ou
dans l'espace, suffit pour dorer des reflets du rêve une
époque ou une chose qui, en perdant sa réalité vécue, se
dépouille de ses laideurs et de ses complications. L'admi-
ration béate d'un passé mort, l'auréole dont se nimbent
les héros de jadis, l'enthousiasme des jeunes pour les
aventures lointaines, n'ont pas d'autres origines. Nos
aïeux eurent nos faiblesses, et de plus grandes peut-être,
mais, parce qu'irréelle, aujourd'hui leur image d'instinct

s'idéalise. Notre souvenir subira sans doute d'identiques transformations ; une expérience séculaire apprend qu'il suffit de mourir pour paraître meilleur. Que de couronnes sur la tombe de maints penseurs qu'on dédaigna pendant leur vie ! quelle gloire concédée aux mânes d'hommes qu'on persécuta jusqu'au dernier souffle ! Morts, ils sont moins dangereux sans doute, ils deviennent même objet d'exploitation utile ; mais sincèrement plusieurs iront jusqu'à les regretter. Satisfaction problèmatique, payée avec du sang ; désirable néanmoins pour qui rêve d'immortalité.

Par contre, lâcher la proie pour l'ombre, négliger d'imparfaites mais actuelles satisfactions, pour un absolu qui a le tort d'être impossible, se comprend mal. Le bonheur est fonction de désirs très relatifs, très variables ; il en est l'harmonieuse synthèse, aussi transitoire que le parfum des roses. Comment serait-il total, quand divergent et se contredisent nos multiples aspirations ? Comment serait-il durable, quand le désir s'épuise par sa propre satisfaction ? La joie suprême, celle que connaissent l'inventeur et l'amant, dure peu car elle aspire les énergies de l'être entier ; c'est un leurre de prêter à ces minutes divines d'autre immortalité que celle du souvenir. Le bonheur, conçu à l'orientale comme une absence de désir, peut seul être éternel ; non pendant la vie qui est essentiellement tendance, effort, volonté, du moins après la mort. Forme négative qui convient à l'hiver de l'existence, comme l'épanouissement de l'être à son printemps, le nirvana complète harmonieusement notre notion occidentale ; il symbolise le repos après la fatigue, l'inconscience recherchée par qui n'attend que des douleurs.

*
* *

Si le corps se vêt d'habits, l'âme a besoin de concepts à

sa taille ; et c'est grave affaire, pour qui sait combien féconde est la pensée en matière de plaisirs ou de peines. Telle est la force de l'espérance qu'elle fait bénir les douleurs de l'enfantement, qu'elle rend joyeuse la lassitude du moissonneur fortuné ; telle est la puissance du découragement qu'au faîte des honneurs et sous les lambris d'or, il file des jours intolérables pour des princes jeunes et beaux. Jusque dans l'organisme s'en répercute l'écho ; la foi qui sauve n'est pas un rêve, pas plus que le chagrin qui tue. Pour un malade, c'est un précieux remède que la croyance en la guérison ; pour bien des mères, c'est un arrêt de mort que la disparition du fils aimé. Aussi comment vivrait-il heureux l'homme qui cherche un bonheur qu'on ne saurait atteindre, qui place son bien dans un plan inaccessible à notre action ? A ses yeux l'existence se transforme en exil, nos joies terrestres en poisons ; et cette sombre nuit, bientôt, de l'esprit descend au cœur. Le mal s'aggrave alors, car si l'idée pure a peu d'influence pratique, combien grande est celle de nos affections. L'art moral, technique réfléchie du bonheur, s'adresse au sentiment autant qu'à la raison. Un Jésus, un François d'Assise, un Vincent de Paul furent des émotifs plus que des logiciens ; et leurs paroles firent moins d'adeptes que leurs exemples. Par le cœur ils ont conquis plus de cerveaux qu'aucun rhéteur ou philosophe. D'ailleurs, la primordiale révélation du bien n'est-elle pas antérieure à toute démonstration ? Beaucoup ne sentent-ils pas les vérités morales avant de les comprendre ? Ainsi, devant un spectacle grandiose de la nature ou de l'art, la beauté se manifeste, même à qui n'en sait pas le pourquoi. D'instinct aussi, l'homme s'écarte de ce qu'il suppose nocif, il recherche ce qui le favorise ; et le moindre des animaux n'agit pas autrement. Nos morales devraient codifier ces réflexes fondamentaux, en les contrôlant par la raison. Contrôle malaisé, il est vrai, lorsque le torrent des désirs entraîne jugements et opinions, à la manière de barques happées par un courant. Effet commun des passions, qu'aucune objection n'étonne, que nulle contradiction n'arrête ; endiguées, elles deviennent une source d'énergie puissante comme les chutes d'eau de nos montagnes, sans direction et sans frein, elles arrachent jusqu'aux racines des fragiles pousses du bonheur. Logique et clairvoyance s'en vont ; chez l'être aimé tout devient adorable : s'il est prodigue, c'est générosité, s'il est avare, c'est prudence. Le raisonnement se subordonne au but fixé d'avance, l'idée n'est qu'un prétexte, la critique un complément d'illusion. Un travail de même genre, quoique moins profond, s'observe dès que s'interpose l'intérêt. Quelle ingéniosité déploie la mère pour se tromper sur son enfant, le malade sur sa situation. Certains littérateurs trouvent moyen de légitimer les pires injustices actuelles ; Aristote fit de même pour l'esclavage antique : aucun tyran n'a manqué de thuriféraires, aucun bourreau d'apologistes. Parce qu'utile, nous proclamons qu'une chose est vraie, nous préoccupant après seulement d'en découvrir les preuves. Des contes de nourrice se muent ainsi en histoires authentiques, des lampions font figure de soleils ; l'athée devient clérical, le possédant réacteur. Doctrine commode pour harmoniser croyances et intérêts, mais philosophie de snobs et de petits maîtres, aussi absurde que superficielle. Prendre ses désirs pour la réalité, fermer les yeux en folâtrant sur le bord d'un gouffre, danser sur un navire qui coule, n'épargne, ni ne retarde un malheur. Amour et lumière résument le bonheur ; la raison en est l'indispensable artisan conjointement avec le cœur.

A elle de préciser, en un but concret, l'élan affectif qu'elle ne fait pas naître, et d'offrir un objet digne d'en fixer les ardeurs. Pour devenir efficace, la bonté doit se traduire en actions réfléchies, pour être pratique, la solidarité suppose une conscience claire des obligations qu'elle engendre ; l'aveuglement compromet, par contre, la durée de l'amour en préparant des réveils douloureux. C'est à l'intelligence de créer l'idéal qui retiendra le cœur ; c'est à elle d'examiner, et sans faiblesse, hommes ou choses qui prétendent à notre amour. Comme la cire, en durcissant, prend la forme du moule qui la contient, nos tendances, dans le jeune âge, s'adaptent aux idées qui les environnent. Le sentiment religieux se précise chez l'arabe en esprit musulman, chez l'espagnol en esprit chrétien ; l'amour du beau se matérialise sous des formes tout autres en occident et en orient : la substance est la même mais la façon diffère. D'où l'importance du milieu qui voit grandir l'enfant : parents, éducateurs, fréquentations, ambiance sociale agissent à la façon d'étaux ; ses aspirations indistinctes et fluides, ils les solidifient en croyances précises, en habitudes traditionnelles. D'après l'enseignement reçu, l'instinct de justice, si tenace chez les écoliers, s'oriente vers des réalisations religieuses ou sociales ; il adhère à l'idéal tout fait qu'on lui présente, gardant l'empreinte du premier sceau qu'on lui applique. Et de même pour les autres tendances, rapidement durcies en formules conventionnelles. Un fils de général prêtera, volontiers, au courage des allures martiales, un rejeton de ministre des apparences politiques. Ces cadres imposés dès l'enfance, vraies chaînes cérébrales parfois, beaucoup n'arrivent pas à s'en débarrasser ; jusqu'à la mort ils traînent le boulet rivé par des parents ou par des maîtres, larbins à tout faire d'une société sans scrupules.

Combien auront le courage de rompre avec des croyances associées à leurs joies premières ! que de réflexions pénibles pour dissiper le charme printanier d'erreurs pourtant manifestes ! En la main des puissants, la morale, art d'épanouir sa vie, n'est plus qu'un habile instrument de servage intellectuel. Un type de bonheur, forgé à l'usage des masses, est inculqué dans les jeunes cervaux ; des prescriptions rituelles l'assurent dans l'au-delà ; en châtrant ici-bas du désir de voir clair, de la volonté de révolte. Muselière pour travailleurs en liberté ! Et malheur à qui ouvertement s'en débarrasse ; les bien-pensants l'accablent comme un pelé, un galeux ; la faim, les coups l'amènent bientôt à repentance. Faire semblant parfois suffit ; la vertu du riche est pour l'exemple, l'hypocrisie chez lui est de bon ton. Si le pauvre doit se satisfaire d'espérance, on accorde que, sur les joies promises, nos possédants prennent sans retard de très forts acomptes.

*
* *

Mais, lorsqu'il s'agit des humbles, tout devient légitime pour faire obstacle aux tentatives de libération. Dieu est un leurre, pense un Le Bon, qu'importe si son ombre suffit ; enfer et ciel sont vides, la belle affaire, pourvu qu'ils peuplent utilement les âmes de craintes et d'espoirs ! Parmi nos contemporains, beaucoup pensent de même ; et ces raisonnements fallacieux valent à l'Eglise la sympathie active d'une bourgeoisie menacée dans ses coffres-forts. Déjà, au nom de la patrie, le paganisme à son déclin fut soutenu par l'aristocratie romaine, patriciens, nobles, rhéteurs, dressés contre la doctrine enseignée par Jésus. Et les arguments d'un Symmaque ressemblent à ceux d'un Barrès ; seulement, la victorieuse d'il y a quinze siècles redoute d'être la vaincue de demain. A l'horizon se lèvent des astres nouveaux précurseurs d'une immense aurore. Au mode de penser familier, à nos aïeux, s'en substitue un autre, dont la science est le prototype. Lentes et fragmentaires sont encore ses conquêtes, mais son triomphe apparaît prochain. Après la mécanique et l'astronomie, après la physique et la chimie, ce furent les sciences biologiques puis psychologiques et sociales qui devinrent positives. L'histoire a passé par la brèche ouverte ; sur la genèse des croyances sacrées elle répand des certitudes, capables de dissiper nos dernières illusions. Et, de façon négative au moins, nos recherches expérimentales répondent à des problèmes que les métaphysiciens supposaient hors d'atteinte ; bien malgré eux les Ampères et les Pasteurs ouvrirent la voie aux Guigneberts et aux Reinachs. Il faut qu'à son tour la morale soit œuvre d'expérience et de réflexion. Non pour opprimer l'individu, au nom d'une entité collective substituée au dieu ancien, mais pour lui apprendre à parfaire son être et construire son bonheur, dans le cadre harmonieux d'une cité de frères. Moloch ou Nation, qu'importe l'idole lorsqu'elle exige d'être adorée ? C'est assez que les lois enserrent nos actions publiques, gardons inviolé et libre le jardin de nos pensées. Mais à cette liberté la tradition s'oppose. L'homme civilisé ne croît pas en plein champ, au grand air ; comme l'arbre d'un espalier, on l'émonde, on le taille, sans souci de ses dispositions, exclusivement selon le bon plaisir du maître. Il n'est qu'une unité, l'élément d'un ensemble ; ce qu'était l'arbre d'avant il devra l'être : les individus passent, le plan demeure. Ainsi, dans les cités humaines, les lois décrétées par les morts continuent de régir les vivants. Des croyances, des institutions, des mœurs s'éternisent, sans utilité ni raison, parce qu'elles viennent des ancêtres. Bonnes, puisque vieilles, dit-on. Car tel est le pouvoir de la répétition qu'elle justifie l'absurde et sacrifie l'infâme. Pendant des millénaires les pieds des chinoises en surent quelque chose, et les ongles des mandarins, et l'épiderme des papous, et le sexe des castrats romains. Faire ce qu'on fit avant, uniquement parce qu'il y a des siècles on le faisait déjà, tel est le secret tant prôné de la tradition. A l'esclavage antique, à l'omnipotence des pères, à la tutelle indéfinie des femmes, aux horribles supplices de nos vieux tribunaux, elle servit d'argument pour durer ; les plus cyniques abus, les pires cruautés ne l'invoquèrent jamais en vain. A bon droit l'injustice moderne s'en fait donc un rempart. Mais proclamer que les semeurs de fraternité travaillent en vain, que ce qui est sera toujours, que les parasites sont nécessaires à la vie sociale, voilà ce que contredit la doctrine certaine de l'universelle transformation. La vie dans ses formes évolue toujours, la géologie en fournit la preuve ; l'histoire montre qu'il en va de même des institutions humaines. Point d'autorité si stable qu'elle ne s'effondre à un moment ; l'utopie d'aujourd'hui constitue la réalité de demain. Monarchie constitutionnelle, puis république symbolisèrent, en leur temps, des tendances extrêmistes ; mais les précurseurs ont poussé plus loin, pendant que les monarchistes d'hier se muaient en républicains. Toujours parmi les hommes s'en trouvent qui retardent, tandis que d'autres avancent ; des uns comme des autres, les formules varient selon l'époque et le pays. Brusque ici, lente là, l'évolution des sociétés progresse, avec des reculs, en zigzag, par bonds ; comme les flots de l'océan qu'aucune digue ne lasse, elle ne connaît que des triomphes, pour qui la voit sous l'angle de l'éternité. Les victimes de l'intolérance médiévale reçurent l'héritage des premiers martyrs chrétiens ; les révolutionnaires de 1789 ont passé le leur aux pionniers des temps nouveaux. Malgré les satisfaits, se répercute ainsi sans fin l'écho des plaintes et des espoirs, qui jalonnent l'histoire de notre pauvre humanité.

*
* *

Une attitude mentale chère à notre paresse, la foi, favorise, il est vrai, les tenànts de la tradition. Volontiers l'on revêt un habit tout fait : un simple choix parmi des théories confectionnées d'avance, mieux encore la peine d'endosser un complet sur mesure, taillé par des mains amies, voilà qui plaît aux esprits grégaires. Les boutiques ne manquent pas, qu'il s'agisse de philosophie, d'art, de politique ou de religion ; et d'habiles couturiers, diplômés des meilleures académies, se chargent de rapiècer gratis ou de raccourcir ou de rallonger selon la taille. Aux clients possibles, les rabatteurs expliquent que leurs vestons sont les meilleurs ; mais l'accord est touchant dès qu'il s'agit de proclamer la foi, une foi quelconque, nécessaire et indispensable.

Nous l'admettons, si, par ce terme, on entend la croyance à des vérités indémontrées, pour qui n'a point fait les recherches voulues ; le plus souvent on croit le savant sur parole. Mais que, dans l'avenir, les hommes continuent d'admettre des doctrines indémontrables même pour les spécialistes, j'aime ne pas l'espérer. En tout cas, la nécessité n'en est point manifeste. Je puis croire aux découvertes d'un Henri Poincaré, même sans les comprendre, parce qu'elles forcent l'assentiment raisonné des mathématiciens qui les étudient ; je ne puis avoir foi dans des doctrines métaphysiques que les spécialistes ne s'accordent nullement à considérer comme vérifiées. Que penser d'un théorème accepté par les uns, rejeté par les autres ? Le mieux serait d'avouer notre ignorance. Ajoutons que cette foi, qui n'admet l'indémontré que lorsqu'il est démontrable, est elle-même incompatible avec une sérieuse recherche de la vérité. Découvrir les fissures des doctrines anciennes, mettre en doute les conceptions les mieux accréditées, voir clair et ne rien croire par conséquent, telle doit être l'attitude de

quiconque cherche à faire progresser le savoir humain.
Même acceptable chez qui n'a ni l'énergie, ni la possibilité de la remplacer, elle demeurerait inadmissible chez
l'esprit libéré. A mon avis, elle nuit aux peuples comme
aux élites ; diffuser l'esprit critique, c'est contribuer au
bonheur tant des collectivités que des individus. Habitudes et croyances valent, non en fonction des lustres qui
les virent naître, mais d'après le mérite intrinsèque que
leur concèdent l'expérience et la réflexion. S'il est dangereux ou sans issue, délaissons le chemin foulé par nos
aïeux ; traçons notre propre sentier, en suivant les hardis
voyageurs qui prirent pour boussole le cœur allié à la
raison.

De nos chefs, n'attendons qu'une aggravation de peine.
Une poignée de possédants a confisqué la terre ; elle a
domestiqué corps et cerveaux ; entre ses mains, enseignement, lois et coutumes sont des moyens de coercition.
Au bonheur de quelques-uns, elle sacrifie celui du grand
nombre ; malheur à qui ne s'apparente aux maîtres, il est
né pour servir. Dérision de proclamer libre l'employé
sans ressources en dispute avec son patron. Belle liberté
que celle de mourir de faim si l'on ne se soumet ; étrange
égalité que celle de deux hommes, dont l'un s'accoude sur
un morceau d'or pendant que l'autre n'a pas de pain ! Et
le salaire que la société donne, ce n'est pas le prix du
travail seulement, c'est parfois celüi d'une abdication. Ni
charges honorables, ni places lucratives pour l'écrivain
qui se refuse à prostituer sa plume ; nul avancement, des
tracasseries pour le fonctionnaire ou l'ouvrier indépendant. Sur le piédestal vide des dieux d'antan, des pontifes
officiels n'installent-ils pas la Société, l'Etat, la Nation,
baals laborieusement accouchés par leur maigre cerveau.
Heureux prêtres, logés à bonne enseigne, n'en doutez pas,
et qui rendent des oracles au nom de leurs enfançons.

Culte agréable aux potentats, incarnations vivantes des nouvelles divinités, et qui vaut, à ses fidèles, des titres, des rubans, des bombons, mais point le bonheur, car les maîtres sont trop proches et trop remuants.

C'est dans l'harmonieux développement de son esprit et de son corps, dans l'intégral épanouissement de sa vie que l'homme trouve la source des joies saines et fécondes. Pour l'atteindre, il doit s'immuniser contre la mode, les préjugés, les faux prestiges, dangereux microbes dont notre ambiance sociale est infectée. Mais les plus grands obstacles à son bonheur se rencontrent en lui-même; dans le maquis de ses tendances, sa hache fera bien d'être impitoyable pour les essences mortifères ou les buissons suspects, dont la présence est un danger.

LE BIEN

Dépouillé des voiles qui l'enserrent, le bonheur est, au regard du savoir positif, la traduction sentimentale d'un état plus profond ; comme la douleur, quoiqu'en sens opposé, il est le signe subjectif, l'aspect conscient d'une manière d'être physique ou mentale. En proclamant le Bien condition du Bonheur, métaphysiques et religions le laissent entrevoir ; mais elles négligent le plan expérimental pour celui des abstractions, elles transposent en valeurs surhumaines les données de la commune observation. Du Bien elles font une entité absolue, transcendante, immuable, dont la possession garantit des joies sans fin ; en fait il est seulement le nom générique d'une collection d'états extrêmement diversifiés. L'air pur, une douce chaleur, une nourriture substantielle, le souple fonctionnement des organes, la science, l'art sont autant de biens lorsqu'ils favorisent le développement du corps ou de l'esprit. Comme changent et se multiplient les besoins organiques ou moraux, ainsi font les objets capables de les satisfaire. Tel d'entre eux sera donné à foison dans l'indigence de tous les autres ; et leur ensemble constitue une orchestrale symphonie, dont les exécutants sont trop nombreux pour que n'éclate aucun désaccord. Relativité et devenir règnent parmi les biens, autant que dans les joies qui leur correspondent ; celles-ci ne sont même qu'un mobile reflet de l'action des premiers. Dispositions corporelles et physiques, voilà ce qui importe ; plaisirs ou peines font office d'ombre, ils marquent l'heure mais ne la créent pas. Quelques grains d'opium, trois petits verres de spiritueux, par leur simple efficace, transportent un homme de l'enfer aux cieux ; une digestion pénible, des troubles de la circulation suffisent inversement à le désespérer. Optimisme de l'un, pessimisme de l'autre tiennent ainsi à des modes différents d'assimilation. Un spectacle joyeux, une conversation houleuse auront des effets non moins grands ; comme l'état physique, la tonalité mentale se traduira par la nuance claire ou sombre de nos affections. Le bonheur est un but pour l'homme ; pour la nature il n'est qu'un signe, un appât peut-être, tendu tel celui d'un pêcheur au poisson. Quoi de plus décevant que sa poursuite : il fuit qui le cherche, échappe à qui le tient, pour s'évanouir lorsqu'on croit le saisir à la gorge. De palaces en palaces, de villes en villes, des voyageurs, rongés d'ennui, s'acharnent sur ses traces, toujours en vain ; et une neurasthénie mortelle guette l'imprudent chasseur qui, à l'affût, l'attend. Mais il se donne à qui l'oublie, à qui le néglige il sourit : au savant besogneux perdu dans ses cornues, à l'artiste amoureux des formes ou des sons, au prophète qui rêve d'humanité future. Car plaisirs ou douleurs ne sont qu'apparence affective, revers sentimental d'un travail profond de perfectionnement ou de destruction. Boire et manger conduisent à refaire nos forces ; jouir des saveurs reste un accessoire. Et les délices énivrants de l'amour aboutissent à la procréation : piège heureux pour l'espèce, bien que parfois fatal aux infortunés parents. Légendaires sont les noces tragiques de l'abeille-mère qui arrache, en plein ciel, les entrailles de son amant ; l'histoire des insectes est fertile en récits analogues. Semblable à la fleur carnivore des tropiques, l'amour attire par sa couleur et son parfum, souvent, comme elle, il devient le tombeau de l'imprudent que retint son calice. Pour perpétuer l'espèce ou fournir aux individus une raison de durer, la nature à pleines mains sème les illusions. Du moindre enfant, elle auréole le berceau d'espérance, et dore de joies vibrantes les jeunes années ; à l'incurable elle laisse entrevoir la guérison, au vieillard des jours longs et beaux ; au mourant même elle apporte un mieux précurseur de l'éternel sommeil. Avec le dernier souffle seulement s'évanouit la dernière illusion, tant sont puissantes les suggestions de l'intérêt. Sur son lit d'agonie, souvent le moribond parlera d'avenir à l'ami douloureux qui le sait condamné.

Développement des individus et conservation de l'espèce sont à la base de ces chimères ; ils comptent seuls au regard du Tout, plaisirs et douleurs n'étant que des moyens. Epanouir sa vie, la perpétuer voilà les biens que rien ne conditionne ; vers eux s'achemine la nature en travail, lors même que l'homme ne songe qu'au plaisir. Avoir des montagnes d'or, être puissant, être célèbre ne servirait à rien, si l'on ne monayait, en profits corporels ou psychiques, ces indigestes aliments. Qu'un cancer d'estomac, survienne et le milliardaire américain mourra d'inanition devant des mets princiers ; s'il a le ventre creux, le plus grand orateur se nourrira malaisément des meilleurs discours ; et, quoique souverain, il est misérable l'amant royal que tourmente un prurit honteux. Richesses, honneurs ne sont des fins que pour la vanité humaine ; châteaux de sable bâtis par des enfants, ils croulent au souffle de la moindre tempête. La gloire, en immortalisant le souvenir, apparaît bonne à qui voudrait durer ; mais songeons qu'elle est inutile la bonne nouvelle qu'on n'apprend point et, qu'avec la connaissance, s'évanouira la joie.

*
* *

Si le bonheur est l'indice du bien, évitons pourtant de

confondre l'ombre et la chose ; au cœur de marquer le désir, à la raison d'en savoir le comment. Des douleurs sauvent, des plaisirs tuent, des remèdes choquent, des poisons flattent ; les sens nous révèlent l'affection du moment sans en prévoir les conséquences. A l'esprit donc de faire un choix, en vue de l'avenir, en fonction du passé. Contre des maux sans nombre n'échangeons pas la jouissance d'un instant, pour prix de longues années heureuses acceptons les peines transitoires d'une répugnante opération. Car, si la sensibilité s'arrête à l'état présent, d'avance la raison voit ce qui sera. A elle donc et à la science, sa plus adéquate expression, de nous guider à l'instar d'un prophète, non infaillible assurément, mais le meilleur conseiller tout de même. Grâce au calcul l'ingénieur n'est-il pas fixé sur la solidité probable de ses constructions, l'électricien sur la force d'un courant, le chimiste sur la puissance de ses explosifs ? S'il ne l'arrête toujours, le médecin pronostique du moins la marche des maladies, le sociologue l'effet des lois. Malheureusement nos sciences sont jeunes, leurs données restent imprécises ou incomplètes ; le plus souvent nous supposons, sans être certains, heureux quand nos conjectures demeurent voisines du réel. Parce qu'ils prévoiront mieux, ceux qui nous suivront pourront d'avantage ; des savants qui les précédèrent, les nôtres ont eux-mêmes beaucoup appris. Avec notre ignorance de l'avenir immédiat que de malheurs s'évanouieraient ! Dès aujourd'hui peut naître un art d'être heureux, qui codifie les recettes des multiples biens ; et que des psychologues, spécialistes des maladies morales, vulgariseront en le perfectionnant. A l'époque où fleurissaient les mythes, prêtres et sorciers remplirent l'office de marchands de consolation ; leur place est vide, mais les chalands désabusés demandent des vendeurs d'origan nouveau. L'humanité ne s'en passera point ;

partout sur les tréteaux des charlatans s'agitent, inventeurs d'une drogue divine. Pourtant les bases d'une science positive existent : psychologie, médecine, histoire, sociologie fournissent leur quote-part ; le diagnostic moral n'est plus un leurre, la mesure des tendances une chimère. Mes efforts, d'abord méconnus, n'auront pas été vains ; chaque jour se perfectionne la thérapeutique de l'esprit. Art dégagé de tout souci métaphysique, de toute préoccupation confessionnelle ou politique, aussi éloigné de la magie que nos sciences physiques de l'antique alchimie. Cà et là des chercheurs consciencieux entreprennent de former des élèves ; et la pédagogie officielle, sans l'avouer nettement, s'inspire déjà de leurs travaux. A beaucoup La Fraternité Universitaire aura servi d'initiatrice et de soutien, pépinière féconde de hardis pionniers et de médecins des âmes.

Mais quels rapports unissent les biens particuliers, dont l'ensemble harmonieux procure le bonheur ? Entre eux ils comportent une hiérarchie : à la base les biens du corps, au sommet ceux de l'esprit. Point de dahlia sans tige, point de hêtre sans tronc ; chez nous le buste soutient la tête et, dans nos constructions, l'étage qui suit suppose l'étage qui précède. Dans l'extrême pauvreté, au milieu des tourments, quoiqu'en pense Platon, le bonheur ne pousse pas ; plante délicate et rare, il demande le grand air, la chaleur du jour et un sol apprêté. Sans un minimum de bien-être physique, la vie mentale se dessèche, comme ces fleurs coupées qu'aucune sève n'alimente. Prétendre être heureux pendant une rage de dents ou lorsqu'on souffre de la faim, même chez un philosophe, est orgueil ou folie. Mais s'en tenir aux biens du corps est impossible à l'homme, car il pense et prévoit. Sans le savoir l'animal s'achemine vers la mort ; il broute, l'été, insoucieux de l'hiver, gaspille aujourd'hui pour jeûner demain. Une telle imprévoyance, lorsqu'on a la raison, n'est ni permise ni possible. Le moins sage des humains songe parfois au tombeau, il désire percer le mystère de la vie et des choses. A la richesse il préfère à bon droit la santé, et le plus beau corps ne lui fait pas envie, s'il s'accompagne d'une tête dépourvue de cerveau. Sans la bonté, savoir et force sont-ils même désirables? Beaucoup en douteront; les criminels fameux ont souvent l'un et l'autre. C'est une science maudite qui fournit, contre l'homme, de si puissants engins de destruction; c'est une énergie coupable qui suscite les brigandages guerriers. Pauvre vie enfin, malgré tous les dons de l'esprit, celle que n'illumine aucun durable amour. Richesse, santé, savoir, force, amour sont donc autant de biens qui tous se conditionnent, et dont l'ensemble assurerait le bonheur souverain. Dans l'éden des délices humains, chacun d'eux symbolise l'un des nombreux paliers qui conduisent vers le faîte; ils marquent les étapes de qui grimpe à la cime. D'ailleurs avec les altitudes variera l'équilibre.

*\
* *

Deux termes sont donnés: notre désir et son objet. Comme les poids d'une balance il faut qu'ils s'égalisent, pour engendrer l'accord dans le repos. Equilibre entre les forces déployées et les forces en réserves, entre la température ambiante et celle des organes, entre la nourriture absorbée et la faim ressentie, telle est la condition première du plaisir corporel. Equilibre entre la science et le besoin de vérité, entre l'art et celui du beau, entre l'amour du bien et sa réalisation, voilà la base du bonheur mental. Tout changement, dans l'un des termes, provoque un désaccord, si l'autre terme ne suit; pour que subsiste le repos, le milieu doit varier comme le désir ou le désir comme le milieu. Si nos joies sont fugaces, c'est justement qu'elles dépendent d'équilibres instables. La nature est sans cesse en travail, et nos besoins renaissent toujours nouveaux ; un devenir éternel préside à l'écoulement des pensées comme des choses. Ce qui charmait hier, déplaît aujourd'hui ; l'adolescent ne comprend plus les passe-temps du bambin, et l'action de l'homme mûr s'accorde mal avec le calme tant chéri des vieillards. Des nuages épais suffisent à assombrir l'âme du poête, de lumineux rayons à l'ensoleiller. Et combien rare la consonnance entre aptitudes et situations ; le forgeron voudrait être boulanger, le boulanger forgeron, le citadin adore la campagne et le campagnard la ville. Pour harmoniser fonctions avec tendances, ne comptons guère sur la société ; de qui songe à s'instruire elle fait un manœuvre, et d'un potache ignare elle tire un patron. A chacun d'opérer pour son compte l'équilibre libérateur, source de joie, père de la paix. Plusieurs chemins s'offrent pour aboutir là, sans liaison visible, opposés d'aspect, mais orientés au fond vers un but commun. Entre l'ascète hindou tendu vers la suppression du désir et l'européen qui le satisfait et le multiplie, quelle parenté possible ? Ils sont frères pourtant, car tous deux communient dans un même besoin d'égaliser ce qu'ils souhaitent et ce qu'ils ont. Le premier préfère se vaincre, le second veut dompter la nature, l'un renonce, l'autre agit ; le résultat final sera toujours l'accord du sujet et de l'objet, des souhaits et du réel. Il faut peu à qui désire moins encore, c'est la voie intérieure, celle du sage ; au sein de l'opulence il se croit pauvre l'homme insatiable, c'est le sentier ouvert aux forts. Deux routes qui serpentent les versants opposés d'une seule montagne, l'une grimpe abrupte vers les cimes, l'autre descend lentement vers la mort. Aux jeunes de choisir la première et, par des efforts inlassables, d'égaliser la situation à leurs besoins. Qu'adviendrait-il, s'ils étaient fatigués dès l'aurore ? La lutte pour le mieux matériel ou moral est le ressort de tout progrès. Qu'ils n'écoutent pas les prêcheurs de résignation, rabatteurs appointés des trafiquants d'esclaves, que la révolte gronde en eux devant l'injustice et contre l'oppression ; la gangue sociale, que dès la naissance on impose, ils feront bien de la briser. Par la science, de la nature même nous pourrons être vainqueurs ; et l'art nous affranchira des contingences du milieu et du temps. Ainsi l'humanité quittera ses chaînes, au soleil du bonheur corps et esprits s'épanouiront ; la libératrice espérance triomphera de l'inactive stupidité.

Mais vieillesse, accidents, maladies, mort sont des fatalités inéluctables contre lesquelles, toujours, nous resterons partiellement désarmés ; les adoucir, les atténuer voilà le seul possible. Renoncer, se soumettre au destin, devient alors le suprême remède. Lorsque les éléments sont indomptables, à nos désirs de rebrousser chemin ; devant notre impuissance, à quoi bon la révolte ; contre un obstacle infranchissable le sage ne s'élance point. Le calme sans effort de l'oriental, telle est la forme du bonheur qui, en l'occurence, convient. A d'autres époques suffira la modération des désirs ; la vie n'est pas faite de jours radieux seulement, pour tous il en est d'obscurs ; point d'homme assez heureux pour connaître une fortune sans défaillance. Dans les heurts de l'existence quotidienne, restons maîtres de nos vouloirs et de nos pensées ; à quoi bon des murmures inutiles, contre les chaleurs de l'été ou les fatigues de la moisson. La vie est un banquet, disent les poètes ; peut-être, mais comprenons que chacun doit payer son écot. Modérons nos désirs, si nous ne voulons accroître nos labeurs ; car, sans s'épuiser par sa propre satisfaction, le désir engendre le désir à l'infini. Le conseiller général veut être député, le député ministre, le ministre président. On a vingt mille francs, on en souhaite cinquante, puis cent, deux cent mille, le million ; pour monter aux dizaines et centaines de millions, enfin aux milliards, si la mort ne survient avant. Dans cette course aux honneurs ou à l'argent, ce que l'on tient n'a plus de charme, ce qui manque plaît seul. Nouveau Sisyphe, attelé à une tâche impossible, l'ambitieux roule vers les sommets un rocher qui retombe toujours ; aussi inutile que celui d'hier, le labeur d'aujourd'hui renaîtra demain.

Eduquer le désir, sans l'éteindre dans une résignation néfaste, sans le dévier vers des buts frivoles, serait l'objectif d'une morale soucieuse de faire des heureux. Mépriser distinctions, médailles, diplômes et autres colifichets chers à notre vanité, rejeter tout idéal factice, pour s'en tenir aux besoins naturels et simples, voilà le chemin de la libération. Le monde suffirait aux nécessités de tous, n'était la soif d'or de quelques-uns ; le bonheur deviendrait commun, sans l'artificielle perversité des instincts primordiaux. La civilisation vraîment humaine, c'est encore la nature, mais la nature mieux connue et mieux domptée.

MAXIMES PRATIQUES

Nous l'avons dit, rêver, pour tous, d'un bonheur identique serait pure folie ; tel idéal sourit à l'un qui répugne à l'autre ; et l'on doit se défier des recettes morales qui, à l'instar de panacées en vogue, s'appliquent aux plus grands comme aux moindres chagrins. Tout système a ses fidèles, toute tendance ses partisans ; point d'idée assez folle pour n'avoir aucun croyant, point de passion si anormale qu'elle n'agite quelques humains. Dans le parterre où fleurissent les joies, laissons chacun se composer le bouquet qu'il préfère. Pour avoir imposé une unité contre nature, religions et souverains ont empoisonné des existences par milliers ; encore, cette unité ne fut-elle qu'apparente et brève. Nous dévoilerons, seulement, tant le péril de certains désirs que la vanité de leur réalisation, mais sans prétendre épuiser une mine si riche. Psychologie, médecine, économie politique etc. nous guideront dans notre examen sommaire des multiples composants du bonheur.

La richesse est l'un deux, et permet de s'en procurer d'autres ; de l'extrême dénûment l'enfer chrétien semble le meilleur symbole. Héros, sages ou saints en font parfois le vestibule d'une vie plus haute, ils y voient un moyen, jamais une fin. Comment comprendre que le travail normal d'un homme ne puisse garantir sa subsistance, quand des paresseux n'ont qu'à naître pour se trouver abondamment pourvus ? Si le monde est trop peuplé, qu'on limite les naissances ; si la répartition des biens s'accomplit sans équité, qu'on la change. Faire, de la pauvreté des uns, le corollaire de la richesse des autres est la pire solution ; l'extrême opulence s'avère contre nature autant que l'extrême misère. L'homme n'a droit qu'à ce dont il peut user ; accaparer d'inutiles moyens d'existence devient un attentat contre le bonheur d'autrui ; vouloir l'or pour lui-même, non pour ses avantages, est une criminelle perversion du désir. L'argent, simple instrument d'échange, n'a d'autre titre à demeurer roi des cités que l'avantage des fainéants rentés.

En attendant que la justice prenne sa revanche, quels moyens s'offrent de se libérer ? Restreindre nos besoins, limiter nos charges, insoucieux des préjugés, ou produire sans arrêt, sans relâche, se transformer en bête de somme. Accepte qui voudra la seconde solution, ce n'est pas celle du sage. Un travail modéré, raisonnable, sera toujours nécessaire et sain ; dans une société moins chaotique il deviendrait obligatoire pour tous ; l'âge ou la maladie seuls en dispenseraient. Mais fournir un labeur de forçat pour qu'un parasite repu daigne vous qualifier de bon citoyen, cela jamais. Aider ses frères dans la peine, oui ; entretenir des bœufs gras à l'étable, non. Faisons plutôt une large place au sentiment, à la pensée, au rêve, en éliminant les factices et ruineux plaisirs de l'alcool, du tabac, d'une cuisine raffinée ou d'une mise excentrique. Une table abondante et simple, pour la bourse comme pour l'estomac, ne vaudrait-elle pas mieux ? Et les vêtements ridicules, fabriqués par nos grands couturiers, sont-ils donc si beaux ? Elégance et confort n'ont rien à voir avec un luxe insolent ; dans les bazars d'antiquailles nos affûtiaux compléteront bientôt des collections grotesques ; un visage sans défaut n'a pas besoin de fard et, lorsqu'on est fatigué, un lit de bois vaut un lit d'or.

Pour se loger quelques pièces suffisent, larges et bien aérées ; tentures, falbalas, oripeaux divers, servent surtout aux microbes. Des chalets simples entourés de jardins, des maisons vastes mais où triomphent l'hygiène et le bon goût, se substituent déjà aux bâtisses anciennes, tantôt lourdes et sombres, tantôt parées comme des robes de coquette. Aux grands services publics ou privés conviennent les centres urbains. Indispensables comme lieux d'échange et de marché, les villes doivent néanmoins emprunter aux campagnes les larges espaces et le grand air. Sans disparaître, elles perdront leur prestige le jour où se modernisera la vie des champs. Qu'on ne fasse fi, dans la maison du laboureur, ni du bien-être ni des distractions, et l'exode des jeunes prendra fin. De même les écrivains accepteront de vivre en province, dès que ce fait ne sera plus une tare aux yeux du parisien. Et des cités, peut-être, s'en iront nos fougueux apologistes du travail champêtre.

*
* *

Bien au-dessus des richesses nous plaçons la santé. Que des souffrances passagères façonnent les esprits, qu'une maladie puisse devenir féconde en conséquences heureuses, nous le savons ; les mères enfantent dans la douleur, et rien de grand ne se fait sans fatigues. Mais ce serait folie d'exalter, pour elle-même, la peine des hommes : simple rêve d'un philosophe en délire ou machiavélique invention d'un défenseur des aristocraties. Trop rares sont nos joies pour que nous les méprisions ; et la souffrance, malgré tout, reste la preuve d'un déséquilibre. L'ascétisme, qui tue le corps ou réduit ses forces, prend rang parmi les aberrations ; prodiguer sa vie pour l'élargir est bon parfois, l'amoindrir jamais. Par ses effets, quoique pour des raisons contraires, la débauche est parente de la privation : s'épuiser en noces crapuleuses, empâter son esprit par la bonne chère ou le bon vin, restreint aussi notre puissance humaine. Malade par excès, malade par défaut, qu'importe si l'on songe que, pour le corps, la santé reste le premier des biens. Elégance, beauté, souplesse en sont d'autres, et désirables certes ; l'art gymnique apparaît précieux, tant qu'il ne développe pas les muscles aux dépens du cerveau. En matière organique, hygiène et médecine, au demeurant, ont seules mission d'édicter des lois. Fariboles les préceptes légués par la science trop courte de nos aïeux ; ne compliquons pas de préoccupations transcendantes nos difficultés, déjà grandes, pour y voir clair. Et pourquoi négliger l'eugénisme, qui vaudrait à la terre des races humaines améliorées ? Pourtant que les malingres ou les laids se consolent, sans le secours du fard et des corsets. N'ont-ils pas la pensée, souvent maladroite chez l'athlète ou la courtisane, mais rayonnante dans des corps délabrés ? Telle chez un Pascal, un Voltaire, un Pasteur dont, à défaut des muscles, les idées soulevèrent des montagnes. Puis, s'ils percent les apparences, tant de jolis minois leur paraîtront menteurs, qu'ils n'auront cure de payer en maquillages des sourires felins. Revivre l'histoire des mondes, en prévoir le destin, en de courts instants résumer une éternité entière, voilà de quoi consoler tous les Cyranos du globe.

Ce que le diamant est à la pierre, les biens de l'esprit le sont à ceux du corps : joyaux rares, d'extraction malaisée, douloureuse pour le penseur comme pour l'ouvrier. Si la fatigue des muscles est plus visible, celle du cerveau est plus profonde, lancette aigüe qui fouille la moelle même de vos os. Et que de déblaiements préalables, quelle épaisse gangue à briser, avant de mettre à nu la translucide vérité : travail difficile à poursuivre, lorsqu'un bandeau couvre les yeux. Voilà notre cas justement ; zébrures et cicatrices ne sont plus de mode, nos corps peuvent grandir sans contrainte, mais nos esprits sont emmaillotés, dès l'enfance, dans des étaux ficelés par des chefs prévoyants. Aux futurs maîtres l'on conserve la vue, mais à la multitude des agneaux l'on ferme les paupières : demain brebis aveugles, que l'on tondra sans peine. « Donnez-moi l'enfant jusqu'à l'âge de sept ans, a dit un prêtre célèbre, et il demeurera l'enfant de l'Eglise pour le reste de son existence ». Parole terrible de vérité, tant sont experts certains opérateurs, tant sont rares surtout les cerveaux puissants. Et la société continue l'œuvre de l'école ; par l'opinion, par la presse, par la loi elle impose des manières de sentir, de penser, que les gens chics portent à la façon de chaussures à la mode.

Rompre avec le snobisme et les préjugés d'enfance s'impose, de prime abord, au chercheur libre. Sincérité, réflexion, ces antidotes de l'hypocrisie bourgeoise, doivent constituer les éléments de sa respiration. Non point dans les études physiques seulement, le mérite serait mince ; mais en sociologie, en politique, en religion, terrains de choix pour les partialités et les violences. Il en sera payé par la joie divine d'entrer en communion avec les lois profondes de l'Univers. Plaisir pur, que maintes autorités détestent à l'instar d'un crime véritable. Médire du voisin, se vautrer dans l'orgie, trafiquer des blanches, abuser des noirs, les trouvent indifférentes ; fraudes, usures, exploitations de toutes sortes, sont assurées de leur protection, pour peu qu'elles vêtent une robe industrielle ou commerciale. Mais permettre aux humbles d'y voir clair, non pas ! Haro sur le misérable qui s'avise de désiller les yeux de ses frères enchaînés ! Déjà c'est trop qu'il ose sourire au nez des dieux de la cité. Aligner des chiffres, mesurer des angles, sonder des gouffres, anodin passe-temps de vieux enfants mûrs pour l'Institut, cela on le supporte et même on l'encourage. Critiquer dogmes et mythes, tuer le respect pour d'inhumaines traditions, montrer tares ou vices, qui chez les puissants foisonnent, les biens-pensants ne l'admettront jamais. Le mensonge social est sacré, n'y touchons pas justement parce qu'il est mensonge, répétent les falsificateurs patentés du savoir honnête.

Ni trafiquant d'illusions, ni brebis résignée promise à l'abattoir, telle est, par contre, la maxime du sage. Pour plaire au Maître il ne rebroussera pas chemin ; il gardera la liberté de sa plume et la direction de ses pensées. Mais qu'il prenne garde le semeur de fraternité, les chefs pardonnent difficilement l'indépendance : sur sa route ils tendront des embûches, à ses compagnons de voyage ils le dénonceront comme un pestiféré. Et qu'il ne compte pas trop sur ceux qu'il aura soulagé ; la gratitude est fleur rare, sous tout climat. Mais, sur les cimes, l'air est plus pur, la lumière plus belle ; si grandioses sont les lointains, si minimes les bruits terrestres, qu'il est payé de ses fatigues le pélerin des hauts sommets. Ce savoir qui donne des ailes, nos écoles ne l'enseignent point ; la science qu'elles apprennent est bonne surtout comme base de l'action. Pourtant ne la dédaignons pas : machinisme et techniques allègeront la peine des hommes ; et la notion de loi physique permettra d'organiser l'apparent chaos des faits.

*
* *

Après connaître, vouloir, deux éléments fort éloignés d'être toujours en proportion égale ; à la médiocrité du caractère s'allie parfois la grandeur de l'esprit, et l'inverse est aussi fréquent. Une pénétration aigüe, à qui nulle possibilité n'échappe, engendrera l'hésitation ; il en sera tout autrement, si l'on n'aperçoit qu'une issue. Les réalisateurs, souvent, furent hommes d'une seule idée. Toutefois se vaincre vaut mieux que gagner des empires ou des mines d'or, lorsqu'on veut être heureux. Le soir des combats d'Italie, Napoléon rêvait avec douleur à l'insensible Josephine ; l'ambition, son autre maîtresse, devait l'épargner moins encore, quelque vingt ans plus tard.

Rompre avec les idoles, secouer les liens qui enserrent cœur ou cerveau, marque un début : pour compléter l'affranchissement, muselons nos passions, despotes de tous les pires. Sont-ce encore des hommes, l'ilote ivre, l'échauffé coureur de filles, le furieux qu'agite une humeur colérique ? Esclave des turpitudes aveugles qu'on porte en soi ou serviteur d'autrui, la différence paraît minime ; ne soyons girouette ni des vents du dehors ni des tempêtes du désir. Rester maîtresse en sa demeure, garder les rênes de l'attelage qu'elle conduit, s'avère le primordial travail d'une volonté forte et sage. De fougueux guerriers, des conquérants célèbres ne l'ont pu, il est vrai : par vanité, par inconscience, ils affrontèrent la mort, des vaincus ils firent l'escabeau de leurs pieds ; eux-mêmes furent ligotés par l'attrait du pouvoir, de la gloire ou des femmes. Heureux quand ces fantoches ne sont pas manœuvrés par des vices secrets ; tel prince ravit les pucelles, tel dictateur veut des mignons. Grands hommes de plâtre, dont la majesté s'effrite à la moindre averse ; cabotins, dont le masque tombe devant leurs domestiques. Dans la prospérité, ils ne manquent ni d'adulateurs ni de complices ; mais à de plus dignes, grands même dans l'intimité, il appartient d'avoir ces biens suprêmes, des amis vrais et cet amour qui est, aux plaisirs sensuels, ce que le soleil est à nos lumières d'un jour.

Dans toute vie d'homme une heure arrive où les frontières du corps gênent l'esprit. De la coque brisée des préoccupations mesquines, un moi divin s'élance, papillon nouveau dont les ailes ont poussé. Vers des horizons sans limites il aspire, à l'infini son cœur s'est dilaté; avec l'âme des autres il fusionne son âme, pour renaître chez ceux qu'a visité son affection. Baiser de feu, communion sublime qu'il peut étendre à la totalité de ce qui vit, comme aux harmonies dont l'ensemble est générateur de la terre. Don de soi, union féconde d'égoïsmes oubliés, l'amour sanctionne le triomphe de ce qui dure sur ce qui passe, de l'espèce sur l'individu. Symbole tout ensemble et de mort et d'éternité! Procréer, par la chair ou par l'esprit, n'est-ce pas le moyen de survivre, la plus haute victoire contre les éléments de destruction? Telles les eaux d'un fleuve qui fuient et se hâtent, mais dont le cours demeure, les générations humaines avancent sans tarir jamais. Dans ses fils, le père se continue, transformé, rajeuni; comme dans les chênes, qui se succèdent, circule une même vie ininterrompue. Mystère qu'à cette migration de substance soient attachées des joies sublimes; énigme dont la solution gît, sans doute, dans la fondamentale identité des existences. Vouloir se reproduire ne s'oppose pas à vouloir être : ce sont les deux aspects de la tendance à se parfaire en perdurant. Un besoin d'évasion, pour se replonger dans l'ensemble, n'est-il pas à la base des plaisirs les meilleurs? Mélodies musicales, spectacles d'énivrante grandeur, recherche du vrai, joies de l'art ou de sacrifice arrachent l'homme à lui-même pour qu'il vibre à l'unisson d'un rythme universel. Mais l'oisif, aux jours vides, toujours occupé de son moi, bien vite se consume dans un mortel ennui; ou meule sans grain, roue sans eau, son esprit s'ankylose dans une stupide inaction. L'ombre requiert de la lumière et un écran, qui les possède en dispose, non l'insensé dont les efforts visent à l'étreindre; ainsi le bonheur qui lui aussi n'est qu'ombre. Semer pendant le jour qui bornera notre durée, collaborer au devenir qui nous dépasse, voilà la lumière et l'écran. Il n'est point illusoire l'instinct fraternel qui penche l'âme humaine vers tout ce qui souffre et meurt : révélation confuse de l'unité d'origine, qu'affirme à son tour la raison, il détient le secret des amours éternelles d'un moi éphémère.

Et l'acceptation volontaire de la mort, le sacrifice pour une cause chérie, prend à sa lumière une splendide signification. Mères douloureuses, amants sublimes, héros de toutes les races, martyrs de tous les temps vous avez souffert, dans votre chair et dans votre âme, pour en témoigner. Vous étiez nés à cette aube nouvelle où l'homme s'intègre à la vie du Tout, comptant pour peu nos passagères satisfactions ; vous aviez connu ces minutes divines où le moi s'évanouit, libéré des contraintes, dans l'infini du désir. Géants du monde moral votre exemple est une leçon ; ni blessures, ni mépris ne doivent nous retenir ; comme l'alouette matinale volons vers l'azur, dédaigneux des vains mirages et des pipeaux mensongers. D'âge en âge se transmettra l'écho de nos espérances et de nos plaintes.

Si le sacrifice témoigne d'une souveraine exaltation du désir, la mort en marque la disparition ; le premier est un effort pour hausser le monde jusqu'à nous, la seconde un retour au cosmos, d'où nous émergeons. De nos équilibres moléculaires ou mentaux disparaît le terme qui pouvait sentir ; douleurs et joies cessent pour notre transitoire personne. Et ce dernier bonheur lui reste de ne rien souffrir : calme parfait après de multiples tempêtes, repos d'un port où l'on aborde pour demeurer. Pourquoi craindre de revenir à l'infini d'où nous sortons ? Lorsque l'on a peiné le sommeil paraît doux, après avoir vécu il est bon de mourir ; bonheur en action et bonheur en repos se complètent, loin de se contredire.

TABLE

La Fraternité Universitaire

Groupement philosophique fondé par L. BARBEDETTE, LA **FRATERNITÉ UNIVERSITAIRE** *a obtenu un succès retentissant dans le monde des éducateurs.*

Placée au-dessus des écoles et des partis, elle demeure ouverte aux volontés droites et aux cœurs généreux, sans distinction de croyance ou de position.

Ignorante de toute hiérarchie comme de toute contrainte, elle ne connaît d'autres règles que celles de la confiance et de l'amitié.

Les formules stéréotypées, les cadres rigides ne sauraient être son fait ; elle entend s'adapter incessamment aux conditions nouvelles du devenir social.

Premier type d'une organisation fondée sur la fraternité, elle a prouvé par son existence même et son succès, qu'il est permis de songer à une amélioration prochaine du sort des sacrifiés.